四川省公共法律服务条例

中国法制出版社

四川省公共法律服务条例

SICHUAN SHENG GONGGONG FALÜ FUWU TIAOLI

经销/新华书店

印刷/保定市中画美凯印刷有限公司

开本/850 毫米×1168 毫米　32 开　　印张/0.75　字数/10 千

版次/2024 年 5 月第 1 版　　2024 年 5 月第 1 次印刷

中国法制出版社出版

书号 ISBN 978-7-5216-4482-1　　定价：5.00 元

北京市西城区西便门西里甲 16 号西便门办公区

邮政编码：100053　　传真：010-63141600

网址：http：//www.zgfzs.com　　编辑部电话：010-63141673

市场营销部电话：010-63141612　　印务部电话：010-63141606

（如有印装质量问题，请与本社印务部联系。）

目　录

四川省第十四届人民代表大会常务委员会
公　告

（第 27 号）

《四川省公共法律服务条例》已由四川省第十四届人民代表大会常务委员会第十一次会议于 2024 年 4 月 3 日通过，现予公布，自 2024 年 6 月 1 日起施行。

四川省人民代表大会常务委员会

2024 年 4 月 3 日

四川省公共法律服务条例

（2024 年 4 月 3 日四川省第十四届人民代表大会常务委员会第十一次会议通过）

目　　录

第一章　总　　则

第一条　为了丰富完善现代公共法律服务体系，加强和规范公共法律服务，提高公共法律服务水平和能力，满足人民群众日益增长的公共法律服务需求，以高质量法律服务助推高质量发展，推进治理体系和治理能力现代化，根据有关法律、行政法规，结合四川省实际，制定本条例。

第二条 四川省行政区域内公共法律服务的提供、保障及其监督管理，适用本条例。

本条例所称公共法律服务，是指为保障公民、法人和其他组织在社会公共生活中的法律服务需求而提供的公共法律服务设施、服务产品、服务活动以及其他相关法律服务，包括政府免费提供、社会参与的法治宣传、法律咨询、法律援助、人民调解、行政调解等基本公共法律服务，以及律师、公证、司法鉴定、仲裁等多元化专业化公共法律服务。

第三条 公共法律服务应当弘扬社会主义核心价值观，坚持以人民为中心，围绕更好满足人民群众对美好生活的向往和日益增长的法律服务需求，加快建设覆盖城乡、便捷高效、均等普惠的现代公共法律服务体系。

第四条 公共法律服务应当坚持党委领导、政府主导、部门协同、社会参与，遵循公共性、均等性、便利性、可持续性的原则，整合各类法律服务资源，创新法律服务供给方式，促进社会公平正义，维护社会和谐稳定。

第五条 县级以上地方人民政府应当加强对公共法律服务工作的统筹协调，建立公共法律服务工作保障机制，将公共法律服务体系建设纳入国民经济和社会发展总体规划以及法治建设、公共服务等相关专项规划，推动公共法律服务与经济社会发展相协调、与法治建设目标相适应。

地方各级人民法院、人民检察院应当在各自职责范围内做好公共法律服务工作。

第六条 县级以上地方人民政府司法行政部门主管本行政区域公共法律服务工作，具体负责协调推进公共法律服务体系建设，指导、监督、管理公共法律服务工作。

县级以上地方人民政府发展改革、经济和信息化、教育、科技、民族宗教、公安、民政、财政、人力资源社会保障、自然资源、生态环境、住房城乡建设、交通运输、农业农村、卫生健康、退役军人事务、应急管理、市场监管、医疗保障、知识产权、政务服务、数据等相关部门和单位应当按照职能职责，做好公共法律服务及相关工作。

第七条 乡镇人民政府、街道办事处按照职责做好本行政区域公共法律服务工作。

村（居）民委员会应当在乡镇人民政府、街道办事处指导下，协助开展本区域的公共法律服务工作。

第八条 工会、共产主义青年团、妇女联合会、残疾人联合会、工商业联合会、归国华侨联合会、法学会等群团组织，按照各自职责参与公共法律服务体系建设，开展公共法律服务工作。

第九条 律师、公证、司法鉴定、仲裁等法律服务机构和法律服务人员依法参与公共法律服务。

律师、公证、司法鉴定、仲裁等行业协会应当加强行业自律，组织、引导、支持会员参与公共法律服务。

广播、电视、报刊、网站等媒体应当开展公共法律服务公益宣传，介绍公共法律服务内容、形式和获取渠道，提高社会公众对公共法律服务的知晓率，为公共法律服务工作开展营造良好社会氛围。

第十条 鼓励、支持和引导具有法律专业知识的人员和相应能力的行业协会等组织参与公益法律服务。

第二章 基本公共法律服务

第十一条 基本公共法律服务包括：

（一）法治宣传教育，是指为社会公众提供的法律知识普及教育和法治文化宣传活动；

（二）法律咨询，是指司法行政部门组织的为社会公众提供的法律问题解答服务；

（三）法律援助，是指为经济困难的公民和符合法定条件的其他当事人无偿提供法律咨询、代理、刑事辩护等法律服务；

（四）人民调解，是指人民调解委员会通过说服、疏导等方法，促使当事人在平等协商基础上自愿达成调解协议，解决民间纠纷的活动；

（五）行政调解，是指行政机关以及法律、法规授权具有管理公共事务职能的组织依照法定职责和法定程序，通过解释、协调、劝导、组织协商等方式，促使各方当事人在平等协商的基础上自愿达成调解协议，依法解决有关民事纠纷、行政争议的活动；

（六）法律事务办理指引，是指为社会公众提供律师、公证、司法鉴定等法律服务业务指引，以及引导当事人选择适当途径解决纠纷；

（七）依照有关规定应当无偿提供的其他公共法律服务。

基本公共法律服务免费向社会提供。

第十二条 省人民政府司法行政部门应当会同有关部门编制省公共法律服务规划，构建高品质公共法律服务网络，实现公共法律服务与其他公共服务协调发展。

省人民政府司法行政部门应当会同有关部门根据国家基本公共法律服务指导标准和省公共法律服务规划，编制、调整全省基本公共法律服务项目清单和服务指南，明确服务事项、承办机构、办事流程、服务标准。

市（州）、县（市、区）人民政府可以根据本地区经济社会发展水平和法律服务需求，在全省基本公共法律服务项目清单基础上增加基本公共法律服务事项，编制、调整本地区基本公共法律服务项目清单和服务指南。

基本公共法律服务项目清单和服务指南应当及时向社会公开。

第十三条 地方各级人民政府、有关部门和单位，人民法院、人民检察院，应当按照谁执法谁普法、谁管理谁普法、谁服务谁普法的原则，全面落实普法责任，建立健全以案释法工作制度，加强典型案例的收集、整理和发布，通过线上线下等多种方式，为公民、法人和其他组织提供免费法治宣传教育等服务。推进提升公民、法人和其他组织尊法、学法、守法、用法的法治素养，营造办事依法、遇事找法、解决问题用法、化解矛盾靠法的法治环境。

地方各级人民政府应当按照规定设立青少年法治教育基地和以法治为主题的广场、公园、场馆、长廊、街区、宣传栏等。

第十四条 司法行政部门应当组织提供法治宣传教育、法律咨询、法律援助、人民调解、法律事务办理指引以及法律服务机构及其执业人员的信息查询等基本公共法律服务。

第十五条 符合法律、法规规定的，当事人可以依法向法律援助机构申请法律援助。

加强法律援助与公证、司法鉴定的衔接，建立完善法律援助案件公证、司法鉴定费用减免制度。

第十六条 当事人可以就侵权、债务、婚姻家庭、相邻关系、物业管理等的民间纠纷申请人民调解。

基层人民法院、公安机关对适宜通过人民调解方式解决的纠纷，可以在受理前告知当事人可以向人民调解委员会申请调解。

第十七条 地方各级人民政府应当优先向低收入群体、残疾人、进城务工人员、老年人、未成年人、妇女等特定群体和军人军属、退役军人、消防救援人员及其他优抚对象提供基本公共法律服务。

通过设立专门窗口、简化办事流程、实施跟踪回访等方式，提供与其特点和需求相适应的公共法律服务，并按相关法律、法规给予相应优待。

第三章 多元化专业化公共法律服务

第十八条 地方各级人民政府、有关部门和单位应当组织引导律师、公证、司法鉴定、仲裁等法律服务机构、法律服务人员，为法治建设、营商环境优化、对外开放、生态环境保护、乡村振兴、重大项目建设、重大风险预防化解、重大公共事件处置、基层社会治理、知识产权保护等，提供多元化专业化公共法律服务。

第十九条 鼓励和支持律师参与重大工程、重大项目，出具法律意见，为营造法治化营商环境提供法律服务。

司法行政部门应当会同工商业联合会、有关行业协会商会等，组织律师等法律服务人员为有需求的民营企业、农民专业合作社和个体工商户提供服务，帮助企业和农民专业合作社完善法人治理结构，健全管理制度。

第二十条 公证机构应当推进公证服务方式的规范化、科学化，优化线上公证业务办理流程，对于法律关系简单、事实清楚、无争议的公证事项，通过证明材料清单管理、告知承诺、数据共享、在线服务等方式，为当事人提供通畅便捷、优质高效的公证服务。

第二十一条 司法行政部门应当加强司法鉴定人和司法鉴定机构能力建设，组织开展司法鉴定人业务培训，推动提升司法鉴定机构的公益属性。

司法鉴定机构应当坚持公益属性，提升法医、物证、声像资料、环境损害等“四大类”司法鉴定专业服务水平，出具客观公正、科学准确的司法鉴定意见。

司法鉴定机构应当通过在线服务、上门服务、预约服务、便民咨询等方式，提高司法鉴定服务便利化水平。

第二十二条 鼓励和支持仲裁机构发展线上仲裁、智慧仲裁，完善仲裁规则，优化仲裁程序和工作流程，运用现代信息技术为当事人提供优质高效的商事争议解决服务。

鼓励和支持仲裁机构采取调解、谈判促进、专家评审以及当事人约定或者请求的其他与仲裁相衔接的方式，化解纠纷。

第二十三条 构建人民调解、行政调解、司法调解优势互补、有机衔接、协调联动的大调解工作格局，引导当事人优先通过调解方式化解纠纷。

司法行政部门应当会同有关行业主管部门推动行业性专业性调解组织发展，为投资、金融、电子信息、装备制造、知识产权、寄递物流、国际贸易、国际商事等重点产业、新兴产业、涉外产业提供专业高效纠纷调解服务。

引导律师事务所、法律援助机构、基层法律服务所和公证机构、司法鉴定机构、仲裁机构等参与纠纷化解工作，为当事人提供调解服务。

第二十四条 健全政府法律顾问、公职律师制度，完善政府法律顾问、公职律师参与重大决策、规范性文件、重大行政执法决定等合法性审查工作机制，提高行政机关依法履职能力。

第二十五条 人民法院、人民检察院，有关部门和单位、群团组织、行业协会，应当推动在城乡基层社会治理中发挥法官、检察官、人民警察、律师、公证员、司法鉴定人、仲裁员、基层法律服务工作者、人民调解员等参与公共法律服务的作用。

第二十六条 鼓励和支持法律服务机构、法律服务人员参与涉外公共法律服务，积极培育各类国际性商事仲裁、调解、认证、鉴定权威机构，推动打造区域国际仲裁中心，为境内外各类主体提供涉外公共法律服务。

第二十七条 鼓励法律服务机构在对本条例第十七条第一款所列对象提供有偿法律服务时，减收或者免收法律服务费用，创新法律服务产品和服务方式。

第二十八条 司法行政部门应当会同有关部门建立公共法律服务应急保障机制。鼓励法律服务行业协会组建专业团队，建立快速通道，为突发事件应急处置提供及时、便捷的多元化专业化公共法律服务。

第四章 公共法律服务网络体系

第二十九条 县级以上地方人民政府推动建立公共法律服务实体平台、热线平台、网络平台，整合律师、公证、司法鉴定、仲裁、人民调解等法律服务资源，建成覆盖全业务、全时空的公共法律服务网络体系。

第三十条 公共法律服务实体平台包括省、市（州）、县（市、区）三级公共法律服务中心，乡镇（街道）公共法律服务工作站，村（社区）公共法律服务室及其他公共法律服务场所。

公共法律服务实体平台的设置应当符合科学实用、交通方便、临街落地、标识统一等标准化建设要求。公共法律服务中心（站）应当配备必要的智能服务设施。

公共法律服务工作站应当依托司法所或者当地政务服务平台设立，或者独立设置，并配置必要的法律服务人员。公共法律服务室应当配备不少于1名法律顾问。

第三十一条 省、市（州）、县（市、区）公共法律服务中心提供以下基本公共法律服务：

（一）法治宣传教育、法律咨询、法律援助、人民调解等法律服务；

（二）律师、公证、司法鉴定、仲裁等法律服务指引；

（三）司法行政其他相关业务的咨询与引导服务；

（四）其他基本公共法律服务。

有条件的公共法律服务中心，可以提供律师远程视频会见服务。

第三十二条 乡镇（街道）公共法律服务工作站提供以下基本公共法律服务：

（一）法治宣传教育、法律咨询、人民调解等法律服务；

（二）引导律师、公证、司法鉴定、仲裁、法律援助等法律服务；

（三）引导告知刑满释放人员安置帮教政策、救助帮扶途径等；

（四）协助监所提供远程视频探视服务；

（五）引导告知社区矫正法律、法规；

（六）组织协调村（社区）法律顾问提供公共法律

服务；

（七）其他基本公共法律服务。

第三十三条 村（社区）公共法律服务室提供法治宣传教育、法律咨询、人民调解等基本公共法律服务。

县（市、区）人民政府应当为村（社区）配备法律顾问。村（社区）法律顾问依托公共法律服务室，为村（社区）治理提供法律意见，提供法治宣传教育、法律咨询、矛盾纠纷预防化解等服务，提供法律援助指引和多元化专业化公共法律服务指引。

鼓励基层法律服务工作者担任村（社区）法律顾问。

第三十四条 省人民政府司法行政部门完善 12348 公共法律服务热线平台，与 12345 政务服务热线业务相衔接，提供全天候法律咨询服务。

第三十五条 省人民政府司法行政部门负责建设省级公共法律服务网络平台，并依托该平台，提供线上法律咨询、法律查询、法律服务机构和法律服务人员信息查询、法律援助申请、公证办理、司法鉴定预约等公共法律服务。推进省级公共法律服务网络平台与国家公共法律服务网络平台互联互通。

市（州）、县（市、区）人民政府司法行政部门可以依托省级公共法律服务网络平台，结合当地实际，拓展服务内容，丰富服务方式，提供具有地方特色的网络法律服务。

县级以上地方人民政府司法行政部门应当运用现代技术手段，推动建立公共法律服务与紧急求助、诉讼服务、检务服务、警务服务等公共服务一体化运行机制。

第三十六条 地方各级人民政府应当综合运用互联网、大数据、人工智能等现代技术手段，推进实体平台、热线平台、网络平台融合运行，提高公共法律服务效能。

第三十七条 公共法律服务实体平台应当按照有关法律、法规规定，配备无障碍设施设备，为残疾人、老年人等提供必要的无障碍服务，优先办理相关事项。

公共法律服务热线平台、网络平台应当符合相关无障碍服务要求，提供盲文、手语、多语种等无障碍信息传播与交流服务。

第三十八条 县级以上地方人民政府应当根据实际需要在企业集中的园区、市场、楼宇等区域、场所，通过建立公共法律服务中心、分中心、法律服务团等方式，为企业和个人等提供相关基本公共法律服务以及多元化专业化公共法律服务。

有条件的市（州）人民政府可以支持或者培育在本行政区域建立具有完整法律服务业务的综合性法律服务集聚区，通过整合优质法律服务资源，与知识产权、金融税务、信息科技等专业服务机构开展合作等方式，为企业提供全方位公共法律服务，针对合规审查、安全生产、知识产权保护等提供专项公共法律服务。

第三十九条 推动成渝地区双城经济圈法律服务共同体建设，支持协同打造立足四川、辐射西部、影响全国、面向世界的天府中央法务区法律服务产业集群和智慧公共法律服务高地，推进中国（四川）自由贸易试验区公共法律服务集成，鼓励建立成德眉资等跨行政区域公共法律服务网络。

第四十条 省人民政府司法行政部门应当依托全省公共法律服务指挥调度平台，统筹整合全省律师、公证、司法鉴定、仲裁、法律援助、人民调解等法律服务资源，收集整理法律服务需求，实现公共法律服务供给侧与需求侧的高效对接。

第五章 公共法律服务保障

第四十一条 县级以上地方人民政府应当建立健全公共法律服务部门联席会议机制，统筹协调、研究处理公共法律服务工作中的重大问题。相关部门和单位应当明确工作任务、分解细化职责、优化运行机制，权责一致、精干高效地开展工作。

第四十二条 县级以上地方人民政府应当将基本公共法律服务所需经费纳入本级财政预算，完善经费动态调整机制，统筹相关资金，确保基本公共法律服务开展。

第四十三条 县级以上地方人民政府可以通过政府

购买服务等方式提供基本公共法律服务，纳入本地政府购买服务指导性目录。

县级以上地方人民政府根据本地区基本公共法律服务实际需要，组织有关部门和单位制定政府购买服务相关目录，对购买基本公共法律服务工作实施指导。

第四十四条 鼓励通过慈善捐赠、设立公益基金等方式拓宽公共法律服务资金筹集渠道，引导社会资金支持公共法律服务。

鼓励和支持社会力量通过捐助设施设备、资助项目、赞助活动，提供智力成果、产品或者服务等方式参与公共法律服务。

第四十五条 县级以上地方人民政府应当推进公共法律服务信息化、智能化、数字化建设。

司法行政部门应当会同有关部门和单位，鼓励和支持人工智能等新兴技术在公共法律服务领域的研发应用，完善公共法律服务数据资源库和数据标准体系，推进跨领域、跨部门数据资源依法共建共享共用。

有关部门和单位应当在服务运行保障、技术研发应用、服务平台对接、数据资源共享和安全管理等方面，为公共法律服务提供支持。

提供公共法律服务的部门、单位和机构及其工作人员，应当按照有关法律、法规的规定对采集的数据予以保密。

第四十六条 鼓励和支持学校、图书馆、公园、景区景点、酒店宾馆、商场超市、交通场站等提供场地设施，为基本公共法律服务提供便利。

第四十七条 司法行政部门应当会同有关部门和单位加强公共法律服务队伍建设和公共法律服务人才教育培训，做好法律职业和法学教育之间的衔接，完善公共法律服务人才职称评定机制，建立公共法律服务专家库和涉外法律服务人才库。

鼓励引进和培养公共法律服务高端人才、涉外法律服务人才和民族地区双语法律服务人才。

第四十八条 省人民政府应当加大对革命老区、脱贫地区、民族地区、盆周山区等公共法律服务资源不足地区的保障和支持。县级以上地方人民政府应当优先向基层、乡村配备公共法律服务设施、公益岗位、专业人才等，完善公共法律服务资源不足地区的公共法律服务人员从业、流动机制，推动公共法律服务普惠均等。

鼓励和引导法律服务机构通过组团服务、巡回服务、远程服务等方式，向公共法律服务资源不足地区提供公共法律服务；支持法律服务机构在公共法律服务资源不足地区依法设立分支机构，跨区域提供公共法律服务。

司法行政部门应当会同民政、农业农村等有关部门在乡村培育具有较好法治素养和一定法律知识的人员，引导其参与相应的公共法律服务。

第四十九条 鼓励和支持法律服务人员、法学教育和研究人员、高等院校和科研机构法学专业学生、退休法律工作人员、取得法律职业资格等具有相应服务能力的人员，依法参与公共法律服务志愿服务。

第五十条 对在公共法律服务工作中作出突出贡献的公民、法人和其他组织，按照国家和省有关规定给予表彰、奖励。

第六章 监督管理

第五十一条 县级以上地方人民政府应当科学建立业务规范、服务效果和社会评价为主要内容的公共法律服务评价指标体系，定期组织有关部门和单位对公共法律服务体系建设进展、成效及保障情况进行监督检查和考核评估，自行或者委托第三方机构对公共法律服务质效进行评估。

地方各级人民政府应当将公共法律服务体系建设、服务质效等指标年度测评结果纳入法治政府建设和乡村振兴的考核内容。

第五十二条 司法行政部门应当会同有关部门和单位加强对法律服务机构、法律服务人员参与公共法律服务的指导和监督，建立健全专业能力评定体系和服务评价、教育培训、激励保障、违法违规行为查处等工作机制。

司法行政部门可以引入第三方评估机制，将评估结果作为考核评价和提升服务质量的重要参考依据。

第五十三条 司法行政部门应当健全完善公益法律服务机制，倡导、鼓励和支持开展公共法律服务的人员积极参与公益法律服务和法律援助案件。具体办法由省人民政府司法行政部门另行制定。

第五十四条 法律服务行业协会应当健全行业监督、信用自律管理工作机制，督促本行业法律服务机构、法律服务人员遵守本条例规定事项。鼓励通过建立公共法律服务质量评查、诚信评级等方式，依法实施激励约束。

第五十五条 公民、法人和其他组织享有获得公共法律服务的权利，有权对公共法律服务工作进行监督、评价，提出意见建议。司法行政部门应当会同有关部门和单位建立完善公共法律服务首问负责、服务承诺、投诉处理和反馈、信息公开等制度机制，依法向社会公开公共法律服务机构、服务内容、服务平台、服务时间等信息，自觉接受社会监督。

第五十六条 审计机关应当依法加强对公共法律服务资金管理、使用的审计监督。

监察机关依法对有关政府部门、法律服务行业协会及其工作人员履行公共法律服务职责的情况进行监督。

第五十七条 违反本条例规定的行为，法律、法规已经规定法律责任的，从其规定。

第五十八条 法律服务机构和法律服务人员在提供法律服务过程中，存在违反职业道德或者执业规范、牟取不正当利益、欺骗误导服务对象等行为的，由有关部门或者行业协会依照法律、法规进行处理；构成犯罪的，依法追究刑事责任。

第五十九条 有关部门及其工作人员不依法履行公共法律服务及相关管理职责的，由本级人民政府或者上级主管部门责令改正；情节严重的，由有权机关对直接负责的主管人员和其他直接责任人员依法给予处分；构成犯罪的，依法追究刑事责任。

第七章 附 则

第六十条 在本省行政区域内的外国人、无国籍人、外国组织可以参照本条例规定接受公共法律服务，法律、行政法规另有规定的除外。

第六十一条 本条例所称仲裁不包括劳动人事争议仲裁和农业集体经济组织内部的农业承包合同纠纷的仲裁。

第六十二条 本条例自 2024 年 6 月 1 日起施行。